Gedanken eines Träumers
Wahrtraum, Inspiration oder Déjà-vu: Botschaften der Seele

AF285920

Für Cindy Steudtner.
Sie ist längst dort, wo wir alle einst sein werden.

Gedanken eines Träumers

Wahrtraum, Inspiration oder Déjà-vu:
Botschaften der Seele

Bibliografische Information Der Deutschen Bibliothek:
Die Deutsche Bibliothek verzeichnet diese Publikation in der Deutschen Nationalbibliografie; detaillierte bibliografische Daten sind im Internet über <http://dnb.ddb.de> abrufbar.

© 2010 Marwan Hassan
Herstellung und Verlag: Books on Demand GmbH, Norderstedt
ISBN: 9783839153024

Inhaltsverzeichnis

Ich mag keine Kommas! Sie schreiben mir vor, wie man einen Satz zu lesen oder zu verstehen hat. Auch deshalb vergesse ich sie liebend gerne, hätte ich nicht da Netti. Sie hat viele fehlende Kommas gefunden. Für die Kommas die es nicht bis zum Druck geschafft haben, möchte ich mich entschuldigen.

Einleitung

Wer an Gott, Engel, Jenseits und Schicksal glaubt, wird sehr schnell als irrational belächelt. Die irritierten Gesprächspartner meinen sich auf die Wissenschaft zu stützen, wenn sie sagen, dass Glaube und Religion eine Erfindung der Menschen sei. Doch wie so oft wird „Wissenschaft" mit „Naturwissenschaft" verwechselt. Auch wenn die Naturwissenschaften sich mit der Materie dieser Welt beschäftigen und mittels methodologisch festgelegten Verfahren bemüht sind, Regelmäßigkeiten festzustellen, bilden sie lediglich einen Teil des Wissensspektrums der Menschheit dar. Nicht nur dies, sondern sie stellen den jüngsten Teil dieses Spektrums dar, der im Vergleich zu den Wissensformen und -bereichen der Menschheit noch reifen muss. Dies ist allgemein bekannt, dennoch wird es schnell vergessen, wenn man bemüht ist zu belegen, dass Gott, Seele, Schicksal und Intuition eine Erfindung aus der Not des Menschen ist.

Die Naturwissenschaften sind nicht allwissend, nur weil sie sich auf fassbares oder beobachtbares stützen! Nehmen wir hierfür als Beispiel die Mathematik. Wer kann schon behaupten, dass man Zahlen anfassen oder mit ihnen in Reagenzgläsern experimentieren kann. Trotzdem wird keiner daran zweifeln, dass die Mathematik eine angesehene Wissenschaft ist. Dies liegt insbesondere daran, weil sie auf lange Traditionen fußt.

Jedoch wenn es zu Wissensarten kommt, welche den Glauben an die Allmacht der weltlichen Naturwissenschaft nicht in den Vordergrund stellen, dann wird dieses Wissen als Wunschdenken, Fabel oder Fantasie herabgestuft. Und dies obwohl einige dieser Wissensdisziplinen eine viel längere Tradition vorweisen können. Man denke nur an die traditionelle chinesische Medizin, welche auf ein paar Jahrtausende zurückblicken kann. Was für Jahrtausende funktioniert hat, kann nicht einfach so durch Physik, Biologie, Chemie oder sonstige Disziplinen verdrängt werden.

Es hat eine ganze Weile gedauert, bis der Westen diese Tatsache teilweise eingestanden hat. Heute ist es selbstverständlich, dass europäische Mediziner Akupunktur einsetzen, auch wenn die Funktionsweise dieser Medizin nicht vollständig „naturwissenschaftlich" erklärt werden kann.

Nichts wäre unwissenschaftlicher, als sich den Erfahrungen der Menschheit zu entziehen und zu behaupten, dass die Naturwissenschaft „Wahr" von „Unwahr" trennen kann!

Wahrträume und Déjà-vus, Eingebungen und Prophezeiungen haben die Menschheit seit ihrer Existenz begleitet und ihr Leben zu einem großen Teil geleitet. Sich über diese Erfahrungen hinweg zu setzen und sie als Fabel oder primitive Vorstellungen herab zu stufen, zeugt, wenn überhaupt, von Armut und Engstirnigkeit.

Mich beschäftigen Wahrträume und Déjà-vu's seit meiner Kindheit. Als kleiner Junge, wollte ich unbedingt wissen, auf welcher Seite ich liege, wenn ich schlafe. Weil mich diese Frage ziemlich beunruhigte, wachte ich nachts sehr oft auf. Und da ich mich mal auf der linken, dann wieder auf der rechten Seite erwischte, entschied ich, einen Zettel und ein Papier neben mein Bett zu legen. So dachte ich jedes Mal, wenn ich aufwachte zu schreiben, wie ich gelegen habe.

Eines Tages fand ich auf meinem Zettel am nächsten Morgen ein paar Stichpunkte, die ich nicht alle erkennen konnte. Offensichtlich war ich beim Schreiben so müde, dass von jedem Wort nur die ersten Buchstaben deutlich erkennbar waren. Aber nachdem ich ein paar Worte entziffert hatte, erinnerte ich mich an den Traum, den ich in jener Nacht hatte. Wow! Ich hatte mir selbst im Schlaf eine Notiz hinterlassen.

In der Schule erzählte ich meinem Freund, der neben mir am Schreibtisch saß, von dem Ereignis und dem Traum, dass ein Klassenkamerad sein Bein gebrochen hatte. Just als ich dies sagte, hörten wir ein Schreien im Schulhof. Die Anwesenden in der

9

Klasse, mein Freund und ich schauten aus dem Fenster raus, doch konnte man von diesem Zimmer aus, nicht den ganzen Hof sehen und so wussten wir nicht, wer, aus welchem Grund, so fürchterlich laut geschrien hatte.

Als dann der Unterricht begann, war der Klassenkamerad, von dem ich geträumt hatte nicht in der Klasse. Es stellte sich heraus, dass er es war der geschrien hatte. Er hatte auf dem Hof sein Bein gebrochen!
Ich war sprachlos! Ich wusste nicht, wie so etwas geschehen konnte und hatte in gewisser Weise Schuldgefühle, weil ich dachte, dass mein Träumen ihm das Bein gebrochen hatte.

Seit diesem Ereignis hatte ich immer den Zettel neben mir und wann immer ich aufgewacht bin, habe ich aufgeschrieben was ich sah. Und es war nicht wenig.

Ich beabsichtige nicht all die Wahrträume, welche ich erlebte, hier aufzulisten. Man kann viel Schreiben, jeder kann behaupten, dass er dies oder jenes voraus gesehen hat. Ich bin in dem glücklichen Zustand, dass meine Mitmenschen mir glauben, nicht nur weil wir uns vertrauen, sondern weil ich immer wieder von detaillierten Träumen erzählte, von denen nicht wenige eingetroffen sind.

In diesem Büchlein will ich dir einen Erklärungsversuch vorstellen, wie dies geschehen kann, weshalb wir alle solche Träume haben und Déjà-vu's erleben. Es gibt hierfür eine Erklärung, die auch für die „wissenschaftlichen Köpfe" unter uns möglicherweise plausibel erscheinen mag.

Deine Aufgabe

Wenn du dieses Buch aufmerksam liest, wirst du mit hoher Wahrscheinlichkeit merken, dass du beginnst mehr zu träumen. Es ist aber nicht so! Es ist nur, dass du beginnst, dich an deine Träume zu erinnern, weil du dich damit beschäftigst.

Neulich haben wir ein neues Auto gekauft, nachdem wir uns mehrere Wochen lang verschiedene Autos angeschaut hatten. Wir konnten uns einfach nicht sofort entscheiden! Dann sahen wir einen Renault, welcher uns auf Anhieb gefiel. Die ersten Tage, nachdem wir das Auto kauften, sah ich ständig Autos dieser Marke in unserer Gegend auf und ab fahren. Fast dachte ich mir, dass unser Ort nun völlig auf Renault steht. Die Wahrheit ist, dass ich nur durch die intensive Beschäftigung mit dem Autokauf des Renaults sensibilisiert worden bin und deshalb diese Marke schneller auf der Straße erkannte als vorher. Nun sind einige Monate verstrichen und mir fallen die Renaults nicht mehr so auf.

So ist es auch mit deinen Träumen! Wenn du dich damit beschäftigst, beginnst du mehr von deinen Träumen zu haben. Ganz egal, ob es Wahrträume sind oder nur eine Verarbeitung deines Alltags, die Beschäftigung mit deinen eigenen Träumen ist eine Aufmerksamkeit, welche du dir selber schenkst. In einer Zeit wo wir von einem Ort zum Anderen huschen und am Tag viel zu viele Eindrücke auferlegt bekommen, ist es absolut notwendig, in uns selbst zu horchen. Ja, selbst in diese Sphäre sind die Dienstleister eingedrungen und bieten dir alle möglichen Kurse der Entspannung und Selbsterkenntnis an: Yoga, Tai Chi, Qi Gong, Autogenes Training und viele andere Angebote. Diese sind auch gut und sollten hin und wieder genutzt werden. Allerdings haben wir eine Wellnessquelle in uns, die unerschöpflich ist: der tägliche Schlaf!

Genieße deinen Schlaf und bereite dich auf ihn vor, denn mit ihm verbringst du ein Drittel deines Lebens. Gewiss wird ein Drittel deines Lebens nicht verschwendete Zeit sein!

Ich möchte hier betonen, dass ich dir kein Traumdeutungsbüchlein geschrieben habe. Das ist meines Erachtens auch nicht möglich, weil jeder von uns in einer anderen Bildersprache träumt. Wer noch nie einen Elefanten gesehen oder zumindest davon gehört hat, wird auch nicht von einem weißen Elefant träumen können! Was ich hier versuche, ist dich dazu zu motivieren deine eigene Traumsprache zu entdecken.

Daher bitte ich dich während du dieses Buch liest - und möglichst auch danach - um folgendes:

1. Bereite dich für deinen Schlaf vor. Gehe entspannt ins Bett und siehe zu, dass du nicht verärgert schlafen gehst. Falls du mit deinem Partner, deiner Familie, deinen Nachbarn oder Freunden Probleme hast, sag ihnen, dass du sie lieb hast, bevor du schlafen gehst. Sag ihnen, dass sie dir viel bedeuten! Sorge dafür, dass du und deine Umwelt ein Mindestmaß an Frieden habt, bevor du die Augen schließt. Und wenn es dir nicht gelingt den Frieden herzustellen, nimm es gelassen und sage dir, dass es am nächsten Tag funktionieren wird.

2. Lege ein Diktiergerät oder ein Schreibblock neben dich, denn du wirst deine wichtigsten Träume vergessen, wenn du sie nicht sofort aufschreibst. Unzählige Male habe ich mir gesagt: „Dieser Traum ist so eindringlich, dass ich ihn nicht vergessen kann". Und noch beim morgendlichen Zähneputzen, habe ich mich geärgert, weil ich nicht mehr wusste, was der Traum war.

3. Falls du gläubig bist, sag dein gewohntes Gebet zur Nacht, und wenn nicht, dann wünsche einfach der Welt Frieden und deinen Mitmenschen Gesundheit. Eine friedliche Seele sieht mehr!

Vom Joghurt und der Zeit

Was haben wir, du und ich, mit einem Joghurt gemeinsam? Haben wir überhaupt etwas gemeinsam oder ist ein Joghurt lediglich eine Speise, die einer von uns liebt und der andere überhaupt nicht mag?

Wenn du zum nächsten Discountermarkt gehen würdest, um einen Früchtejoghurt deiner Lieblingssorte zu kaufen; was würdest du alles auf dem Joghurtbecher lesen können?

Du würdest einen Produktnamen, die Zutaten, schrecklich viele E's - die kein Mensch versteht - und vor allem, würdest du das Verfallsdatum sehen!

Ich wage zu sagen, dass der gemeinsamer Nenner zwischen mir, dir und diesem Früchtejoghurt das Verfallsdatum ist.

Ja, ja, natürlich sind wir wie Joghourt aus biologischen Bausteinen und Mineralien gebaut, aber der herausstechendste gemeinsame Nenner wird das Verfallsdatum sein.

So wie einmal dieses Früchtejoghurt verfaulen und etwas anderes sein wird, werden auch wir verwesen. Das Ende unseres materiellen Seins in der Form, die wir jetzt kennen ist unabwendbar. Wir alle haben ein Verfallsdatum! Du, ich, unsere Kinder und ihre Kaninchen, die fiese Mücke, die dich nervt, der Hund, der draußen bellt, das Vollkornbrot in deiner Küche und natürlich auch das Früchtejoghurt, welches im Regal des Discounterladens steht.

Letztendlich ist unsere Zeit die Dauer unserer materiellen Konstitution, ebenso wie das „Leben" eines Früchtejoghurt, davon abhängig ist, wann es verzehrt wird oder verfällt.

Meine alte Katze

Meine Katze, eigentlich mein kastrierter Kater, ist mittlerweile 18 Jahre alt, wobei meine Frau darauf besteht, dass es lediglich 16 sind. Irgendwann klärte man mich auf, dass dies in Menschenjahren umgerechnet weit über 100 sei.

Alle Wesen empfinden Zeit verschieden sagt die Eintagsfliege! Ja, selbst wir empfinden mal den Tag lang dann den anderen kurz. Doch was unsere eigene Zeit bestimmt ist letztendlich unser Tod. Und tot werden wir alle einmal sein. Dort wo ich aufgewachsen bin, sagt man, dass der Tod das einzige Recht ist, welches jeder gewiss erlangen wird. Unser leibliches Dasein ist zum Verwesen bestimmt.

Keine Zeit ohne Materie

Die Existenz der Zeit bedingt eine Existenz von Materie und einer Intelligenz, die versucht die Bewegung oder den Wandel der Materie zu messen. Kurzum, die Dauer eines Tages oder eines Jahres ist davon abhängig, dass es Sonne und Erde gibt und darüber hinaus Menschen, die sich darüber einen Kopf machen.

Gäbe es keine Materie, dann gäbe es auch keine Zeit. Und da Materien verschieden sind, sind auch die dazugehörigen Zeiten verschieden. Betrachtet man einen Stein, dann hat dieser ein ziemlich langes Leben hinter sich und vermutlich noch ein langes vor sich. Anders als den Dingen die uns leblos erscheinen, sind lebende Dinge eine Komposition verschiedenster Moleküle, fließenden Strombahnen und Flüssigkeiten und sagenhafte Gerüste, die alles zusammenhalten. Ist dieser Zusammenhalt nicht mehr gegeben, spricht man auch nicht mehr von Leben, auch wenn die einzelnen Bestandteile vielleicht noch weiterhin für sich ein Weilchen leben!

Unsere Zeit ist unserer materieller Zusammenhalt!

Die Nicht-Materie

Die Nicht-Materie ist keinesfalls mit der Antimaterie, auf die man Ende letzten Jahrhunderts gekommen ist, gleichzusetzen. Die Antimaterie hat mit

Elektronen, Protonen und Neutronen zu tun und bildet die gespiegelte Ladung der Materie dar. Sie ist mit hochentwickelter Labortechnik herstell- und reproduzierbar. Mit Nicht-Materie meine ich tatsächlich, was das Wort sagt. Es ist <u>nicht</u> Materie.

Und wenn du mich fragst, was sie denn sein sollte und was sie ist, muss ich vorerst passen.

Ich will dir zuerst argumentativ zeigen, dass die Nicht-Materie irgendwie da ist, auch wenn sie nicht unseren Maßstäben des „Daseins" unterliegt.

Ich sitze gerade auf einen schrecklich ungemütlichen Stuhl im Warteraum meiner netten HNO Ärztin. Schräg rechts von mir sitzt ein völlig gelangweilter Herr.

Er existiert also dort wo er ist. Seine Existenz ist gleichzeitig ein Beleg dafür, dass er dort nicht hätte existieren können. Alles Existierende schreit laut, dass es hätte auch nicht existieren können!

Das mag sich alles viel komplizierter anhören, als es ist. Es geht hier lediglich darum, dass das Dasein einer Sache in sich schon dafür spricht, dass es hätte nicht da sein können. Für hier gelte der Leitsatz: Existenz belegt die Nichtexistenz und Materie belegt die Nicht-Materie.

Die zeitlose Nicht-Materie oder die Seele?

Wenn die Zeit aus der Materie geschliffen wird, wenn sie ein Produkt des Materiellen ist, dann kann die Nicht-Materie keine Zeit haben. Sie ist schlicht und einfach zeitlos.

Nun, da mag der eine oder andere sagen, der Hassan verkauft uns etwas, was weder materiell noch zeitlich existiert. Und ich sage einfach: „Ja, dass tue ich".

Es gibt die Nicht-Materie, die zeitlich nicht eingrenzbar ist! Und wenn wir Menschen Fleisch, also verbundene „zeitliche" Materie sind, dann sind wir ebenso „zeitlose" Nicht-Materie. Ich möchte diese Form unseres Daseins als „Seele" bezeichnen. Ich bitte dich ferner diese nicht im religiösen oder esoterischen Sinn zu begreifen, auch wenn du vielleicht tief religiös bist. Die Seele ist unsere Form der Nicht-Materie. Sie ist zeitlos und unterliegt nicht den Regeln der Materie, auch nicht den Regeln der uns bekannten Energie, denn diese ist auch Bestandteil der Materie. Jede Materie kann in Energie umgewandelt werden und umgekehrt. Materie steht zur Energie wie Wasser zu Dampf! Sie sind zwei Seiten einer Medaille.

Daher will ich, wenn ich von der Seele spreche, nicht von Energien und Kräften reden. All diese Begrifflichkeiten sind viel zu sehr „geerdet" und mate-

riell behaftet. Ich werde fortan, anstelle von
„**Nicht-Materie**" den Begriff „**Seele**" benutzen, er
schreibt sich einfacher, und die Seele ist uns ein Begriff!

Die Seele macht uns lebendig!

Unsere doppelte Natur zeichnet uns aus. Nicht nur
uns, sondern alles Lebendige. Alles, was lebt, hat
eine Seele. Selbst, was wir nicht das Attribut „Leben" gönnen, hat eine Seele! Denn alles materiell
Existierende bedingt eine Seele. Je komplexer die
materielle Form, desto höher die seelische Form.
Ich will hiermit keinen Klassenkrieg der Seelen be-
schwören, aber weil wir Menschen die höchste
Form der gebundenen Materie auf der Erde sind,
haben wir somit auch die höchste seelische Form.
Kein anderes Wesen denkt, plant, spricht und agiert
wie der Mensch und leider existiert auf der Erde
auch kein anderes Wesen was diese Eigenschaft der-
artig missbraucht, wie wir Menschen. Doch ist dies
ein gänzlich anderes Thema.

Die Seele alleine ist unvollkommen! Nur das Zu-
sammenspiel zwischen Materie und Seele macht das
Leben aus. Unser Besuch auf der Erde scheint uns
von kurzer Dauer, aber die Bestimmung unserer
Seele ist es, einmal mit der Materie verbunden zu
sein. Man könnte sagen, dass die Seele die Ewigkeit

19

darauf wartet, dass ihr Moment kommt. Der Moment des Lebendigwerdens!

Eine Seele alleine mag für uns in dem Sinne leben, dass wir sagen: „sie lebt ewig". Allerdings ist dies nicht „das Leben"! Leben hat mit Tod zu tun. Es kann nur leben, was stirbt, weshalb eine Seele nicht lebt. Sie existiert in ihrer Weise, die wir als Materie nicht nachvollziehen können.

Vom Sinn der Religionen

Die meisten Religionen sagen uns was von einem Weiterleben, einer Auferstehung, einer Abrechnung, einer Belohnung oder Strafe! Der „jüngste Tag" und die Auferstehung wird bedeuten, dass die Seele ein zweites Mal eine Verbindung mit Materie eingeht. Wie diese Verbindung im Detail aussieht und ob wir die Form haben werden, die wir jetzt haben, ist ungewiss. Auch wenn die Religionen uns ein Bild vorzeichnen, so ist dies nur so, damit unsere Vernunft sich daraus etwas vorstellen kann.

Was alle Religionen gemeinsam haben, ist unserem Verstand die Bedeutung des Diesseits nahe zu bringen. Ja, du lebst nur ein Mal! Lebe es gut, würdig, freundlich, aufrichtig, ehrlich, mitfühlend und sozial. So sagen es uns alle Propheten. Denn das Diesseits ist tatsächlich die Prüfung aller Prüfungen, wenn die Seele sich mit ihrem Leib verbindet.

Die Seele über der Zeit

Die Seele ist nicht aus Materie, weshalb sie auch keine Zeit hat. Das bedeutet, dass deine Seele über der Zeit steht.

Deine Zeit die du bewusst wahrnimmst, ist eine Wahrnehmung deines Gehirns und deiner Sinne, welche auf materielle Wahrnehmungen basieren. Deine Zeit ist die Dauer ab deiner Geburt bis zu deinem Tode, welche du in Maßeinheiten berechnest, die freilich auf Materie basieren, wie die Umdrehung unserer Erde um ihre eigene Achse oder der Erde um die Sonne usw. Wir nehmen die Zeit chronologisch wahr, weil unser Leib unserer Vernunft eine Chronologie des Aufbaus und Zerfalls vorlebt.

Erste Stunde, zweite Stunde, dritte Stunde ….. Tod!

Doch was ist mit unserer Seele? Wenn sie über der Zeit steht, dann ist für sie Vergangenheit, Gegenwart und Zukunft präsent. Es gibt für die Seele keine Chronologie, weil sie den Maßeinheiten der Zeit nicht unterlegen ist.

Wenn du eine Seele hast, dann hast du sie schon vor deiner Geburt gehabt und nach deinem Tod. Aus Sicht der Seele bist du lebendig und Tot zugleich, weil die Zeit der Seele keine Rolle spielt. Die Chronologie deines Zerfalls ist für die Seele keine Chronologie sondern eine „Gleichzeitigkeit".

Es ist ähnlich wie dieses Buch hier. Dein Leib fasst den Inhalt als Chronologie wahr, weil du von links nach rechts, vom Beginn bis zum Ende, so hoffe ich doch, das Buch liest. Die Seele ist dann mit dem Papier zu vergleichen, auf dem die Worte dieses Buches stehen. Dem Papier ist es egal, welches Wort zuerst gedruckt wird, solange du letztendlich das Buch durchgelesen hast.

Prophezeiung, Déjà-vu und dein Traum

Zweifelsohne kannst du mit normal chronologischen Abläufen heute nicht mit Gewissheit sagen, was in zwei Wochen geschieht. Natürlich könntest du jemanden Gift verabreichen und in die Zukunft schauend sagen, dass dieser Mensch an einer Vergiftung sterben wird. Aber was ist, wenn er noch vor dem erwarteten Eintreffen des Todes durch das Gift, von einem Lastwagen überfahren wird? Wie viel hast du dann prophezeit?

Trotzdem erleben wir immer wieder, dass wir uns in Situationen befinden, die wir irgendwie schon einmal erlebt haben. Haben wir da eine Prophezeiung unterbewusst wahrgenommen und uns erst daran erinnert, als sie eintraf oder haben die Neurologen Recht, wenn sie sagen, dass es eine Erinnerungstäuschung ist?

Ich persönlich kann nicht akzeptieren, dass mehrere Träume welche ich erleben durfte, und welche ich mehreren Menschen erzählt habe, bei ihrem tatsächlichen Eintreffen als Täuschung meiner eigenen Erinnerung erklärt werden. Akzeptieren wir, dass die Seele zeitlos ist und, dass wir eine Seele haben, dann erklären sich solche Phänomene viel einfacher!

Meine Erklärung dazu lautet in etwa so:

Wenn du eine Seele hast, dann ist sie zeitlich ungebunden. Sie existiert in der Gegenwart und gleichzeitig in der Vergangenheit sowie in der Zukunft, eben wie das Papier, auf dem eine Geschichte chronologisch geschrieben ist.

Vergangenheit und Zukunft als zeitliche Faktoren gibt es für eine Seele nicht. Wenn du deine Seele als Bestandteil deines Lebens annimmst und es dir gelingt mit deiner eigenen Seele in Kontakt zu bleiben, mag es sein, dass du durch deine Seele Wahrnehmungen aus der Vergangenheit oder der Zukunft erlebst. Und weil die Seele keine Materie ist, kannst du auch Wahrnehmungen aus anderen Orten erleben. Dies ist auch der Grund, weshalb eine Mutter fühlt, wenn ihr Kind in Gefahr ist. Es gibt Momente, da wissen wir einfach, dass unsere Geliebten uns brauchen. Wie oft hast du schon selbst gesagt oder jemand sagen hören: „Ich wusste, dass was nicht in Ordnung ist!"

Das mag sich alles sehr esoterisch anhören. Es ist aber ebenso mystisch wie logisch.

Egal ob Prophezeiung oder Déjà-vu, beide sind Informationen, welche du von deiner Seele empfangen hast. Der Unterschied ist, dass die Prophezeiung in deinem Bewusstsein gespeichert ist. Du verkündest den Inhalt und bist dir gewiss, dass dieser eintreffen wird. Déjà-vus dagegen, sind solche Informationen die es nicht ganz bis zum Bewusstsein geschafft haben. Sie schlummern in unserem Unterbewusstsein und werden erst beim Eintreffen der Ereignisse ins Bewusstsein gerückt.

Wenn du dein Papier und Stift neben deinem Bett genutzt hast, oder vielleicht in dein Diktiergerät einen Wahrtraum gesprochen hast, dann wird die Seelenbotschaft eine Prophezeiung sein. Hast du vergessen deinen Traum zu dokumentieren, dann wird es dir, im Falle des Eintreffens der Ereignissee, als Déjà-vu erscheinen.
Es gibt noch ein wesentlicher Unterschied zwischen Prophezeiungen und Déjà-vus. Déjà-vus bekommen wir nur, wenn wir etwas wieder erkennen. Das heißt, falls du einen Wahrtraum oder eine Vision hattest, welche du selbst nie erleben würdest, dann werden diese auf alle Ewigkeiten vergessen sein.
Nur wenn du sie aufschreibst, werden sie dokumentiert und festgehalten, egal ob du die Ereignisse persönlich erlebst oder nicht.

Die unchronologische Kommunikation

Ein Problem haben wir dennoch mit der Erklärung, dass die Seele uns über Vergangenes, Zukünftiges oder Parallelen berichtet. Wie soll ein zeitloses Element welches demzufolge keine Chronologie kennt (sprich: die Seele) unserm Verstand (spricht: Materie) etwas vermitteln, wenn unser materieller Verstand nur chronologische Ereignisse nachvollziehen kann.

Wir erinnern uns daran, dass unser Verstand auf materielle Ereignisse aufgebaut ist. Für uns ist es selbstverständlich, dass ein Apfel vom Baum nach unten fällt! Für ein materiellungebundenes und zeitloses Ding wie die Seele ist der Apfel gefallen als der Apfelbaum noch nicht eingepflanzt war. Für die Seele ist alles Gewesene geschehen und alles Geschehene noch nicht gewesen. Es gibt für die Seele keine Gegenwart, Vergangenheit und Zukunft, kein hier und kein dort!

Dies ist keinesfalls mit Fatalismus zu verwechseln. Alles Geschehene, wird erst zum Geschehenen, wenn die Seele sich mit dem Leib verbindet. Unser Leben ist ein Fest des höchsten Seins!

Aber wie um Gottes Willen, soll die Seele unserem Verstand, der gänzlich auf materielle Ereignisse aufgebaut ist, etwas vermitteln können?!

Es scheint nahezu unmöglich. Stell dir vor, ich würde dir dieses ganze Büchlein Buchstabe nach Buchstabe aufeinander und nicht nacheinander schreiben, so dass das Buch lediglich ein 18x18 mm großer Fleck ist. Dann würde ich dir sagen: „Ziehe es auseinander, wenn du es verstehen willst". So in etwa kann man sich eine Information von unserer Seele vorstellen; ein Punkt der noch ausgezogen werden muss!

Wir brauchen eine Schnittstelle zwischen der zeitlosen unchronologischen Seele und dem chronologischen materiengebundenen Verstand.

Zwei Erlebnisse, welche ich dir erzählen möchte, haben mir eine mögliche Antwort gegeben. Beide sind aus der Zeit, als ich Fremdenführer auf Nilkreuzfahrten in Ägypten war.

Der Tempel

Es war Frühling und ich hatte eine deutschsprachige Gruppe für eine Woche bei einer Nilkreuzfahrt zu begleiten. Der Luxortempel am Ufer des Nils mit seinen kolossalen sitzenden Statuen und dem Obelisk vor dem Pylon führen in eine Säulenhalle, auf deren Wänden rechts und links die Prozession des Amuns zwischen dem Luxortempel und dem Karnak-Tempel geschildert ist. Rechts kann man in den Prozessionsbildern trommelnde Afrikaner bewundern. Dieses Relief hat mich stets als Hobbymusiker begeistert.

Man sieht mehrere Afrikaner die im gleichen Moment in dem sie auf ihre Trommeln schlagen, etwas in die Knie fallen. Es ist als würde man die Musik und die Tanzbewegung hören und sehen, obwohl tausende Jahre vergangen sind. Alleine schon dass ich diese Worte schreibe und mich an die Reliefs erinnere, führt dazu, dass ich die Trommel tatsächlich höre. Ich höre sie gerade jetzt und schon sehe ich wieder dieses Relief vor meinen Augen.

Wie oft habe ich da gestanden und diesem Moment meinen Gästen vorgetrommelt und getanzt? Und wie oft habe ich das Staunen in ihren Gesichtern gesehen?! Nicht wenige haben es gespürt und glänzende Augen bekommen.

Doch diese eine Nilkreuzfahrt war für mich etwas besonderes. Mitten in meinen Ausführungen vor dem benannten Relief, kam es wieder. Ich bekam diese Gänsehaut, die ich seit meiner Kindheit kenne. Ich spürte den Moment, den ich nie versäumen darf. Und wenn du dich dem nicht ganz hingibst, dann ist er weg und kommt so nie wieder.

Ich spürte es ganz heftig und so reagierte ich auch scheinbar, wie mir später meine Gäste erzählten. Ich hatte ganz abrupt meine Führung unterbrochen und ihnen gesagt, eine lange Pause zu machen und

selbstständig zum Schiff zu gehen. Ich würde ihnen
später versuchen zu erklären, weshalb.

Wie ich also da meine Afrikaner bewunderte, ist es
einfach geschehen. Es war ein Gedicht, welches
mich diesmal in Englisch aus dem Nichts traf. Ich
will es hier in Deutsch schreiben:

Ich lebte mein Heute für ein Morgen,

nun lebe ich auf Ruinen der Vergangenheit.

Sag mir Freund: Hat jemals eine Kultur überlebt?

Ich lehne meine Stirn in meine Hand

und sehe eine Träne wie sie meine Wange runter

rollt.

Und in der Träne sehe ich Ziegel verstreut in dem

Staub.

Hoffnung, Angst, Kummer, Freude und Bang.

Alle bauten einst Türme in meiner Welt.

Und hinter ihnen, ich weiß es ist da.

Geh nicht nah! Geh nicht nah!

Zitternd stolpernd bin ich gezwungen, mich dem zu

nähern.

„Heb es nicht auf!" war mein letztes Gebet.

Ich nahm es in die Hand.

„Puuuuh" ich blies den Staub davon.

Dieses Schild kenne ich gut.

Es ist das gebrochene Schild, mein Herzens!

Was hatte mich da getroffen? Mir wurde an diesem Tag bewusst, dass ich bislang glaubte, Gedichte zu schreiben. Von Schreiben konnte aber nie die Rede sein. Gedichte kamen einfach unangemeldet an und waren da. Viele Gedichte habe ich Jahre lang nie geschrieben. Wenn ich mich an eines erinnert habe, habe ich es einfach gesagt. Oft habe ich ein Gedicht ein paar Jahre vergessen, dann war es plötzlich wieder zu einer bestimmten Situation da!

Ich höre und lese von Poeten, welche Wochen oder sogar Monate an einem Gedicht arbeiten. Sie setzen hier ein Komma, dort einen Punkt, ändern ein

Wort oder streichen einen Satz.

Manchmal wünsche ich mir, dass ich mich einfach hinsetzen könnte, um ein Gedicht zu schreiben. Leider kann ich das nicht! Mich treffen die Bilder unerwartet und ungeplant aus dem Nichts.

In Ägypten, wo ich zur Schule ging und aufgewachsen bin, mussten wir ständig Gedichte auswendig lernen. Fast jede Woche ein Gedicht. Als Schüler erkannte ich zwar den Sinn nicht, doch merkte ich, dass dadurch ein ganz anderes Verständnis für ein Gedicht gepflegt wird. Andererseits fiel mir auf, dass dieses besondere Verständnis, nicht bei jedem Gedicht entstand, welches wir auswendig paukten.

Ich fragte mich immer wieder, weshalb dies so ist. Die Frage hatte ich dann nach Schulabschluss und Studium völlig vergessen, bis mich dieses Gedicht im Tempel traf. Gewiss war es nicht meine erste Inspirationserfahrung dieser Art, doch die Intensität dieses Gedichtes hatte mich völlig ergriffen.

Ich kam dann zur Einsicht, dass solche Gedichte bereits existieren, noch bevor einer von uns sie pflückt. Es ist als wären sie emotionale Ladungen in dem Raum, die darauf warten gepflückt zu werden.

Wäre ich ein Bildhauer, hätte ich in diesem Moment die Gäste verjagt und ein Bild geschnitzt. Ich fragte mich, ob sich dieses Gedicht schon anderen Menschen offenbart hatte, die es in andere Worte verfasst haben.

Diese Idee brachte mich auf den Gedanken, dass man nur durch das Auswendiglernen eines Gedichtes, so nahe wie möglich zu der Inspiration des Poeten kommen kann, um das Gedicht in seiner Originalität zu verstehen.

Freilich funktioniert so etwas nicht bei Gedichten, welche über Wochen und Monaten geschrieben worden sind. Solche Gedichte haben weniger mit

Inspiration zu tun und sind eher Zeugnisse von Sprachgewandtheit. Sie auswendig zu lernen, könnte allenfalls unsere Sprache verfeinern. Diese Arbeiten haben es verdient mit dem Satz hinterfragt zu werden: „was will der Dichter uns damit sagen?"

Inspirierte Gedichte sind nicht Ausdruck des Dichters sondern sein Empfinden. Man sollte daher eher fragen: „Was will das Gedicht uns durch diesen Dichter sagen?"

Jedenfalls war ich mir irgendwann sicher, dass wenn ein Gedicht mir zugeschrieben wird, ich dazu nicht viel beigetragen habe. Ich war lediglich derjenige der es empfangen durfte.

Der Moos

Einige Jahre später hatte ich eine ähnliche Erfahrung, die mich etwas neues lehrte. Ich hatte wieder einmal eine Gruppe Touristen auf dem Nil und war in Aswan, im Süden Ägyptens, angekommen. Zwischen zwei Staudämmen liegt der von dem Stauwasser gerettete und verlegte Philae-Tempel.

Der Tempel hat mich nie echt angesprochen. Vermutlich, weil er nicht auf seinem echten Fleck sitzt oder, weil er bereits starken griechischen Einfluss hat und demzufolge viel mehr Bewegung und Aktion in der Kunst zu sehen ist, als es in den früheren ägyptischen Tempeln üblich war.

Ich war an diesem Tag auch ziemlich genervt, weil einer der Touristen ständig meinte, sich verspäten zu müssen.

Jedenfalls muss man, um diesen Tempel zu besuchen, ein Motorboot mieten. Die Boote waren alle an einem Steg angelegt, der aus Zement gebaut schräg ins Wasser geht. Das hat damit zu tun, dass das Wasser zwischen beiden Staudämmen ständig steigt und sinkt und so die Boote stets dort anlegen, wo die Gäste am besten einsteigen können.

Also blieb der Bus am Park stehen, ich rief meine Gruppe zusammen und erklärte ihnen, dass wir dort zum Steg müssen, wo wir ein Motorboot zur Insel nehmen. Die Fahrt dauert vielleicht 10 Minuten.

Als wir alle im Motorboot waren und im Gestank und Lärm der Dieselmotore auf die Insel steuerten, nahm ich den Brief, den mir meine Exfreundin gesendet hatte aus meiner Hemdtasche, um ihn zu lesen. Es war keine einfache Trennung, eigentlich war es unsere zweite Trennung, als ich den Brief öffnete. Die ersten Worte lauteten: „Nein, ich werde dir nicht verzeihen".

Ich hatte definitiv keine Lust, in diesem Moment Vorwürfe zu lesen und so steckte ich den Brief wieder ein, schaute meine Gruppe an und siehe da, der Typ der ständig zu spät war, befand sich nicht auf dem Motorboot. Mist!

Ich sagte dem Bootsführer, sofort umzudrehen. Und noch bevor er sein Boot angelegt hatte, sprang ich auf den steilen Betonsteg.

Das war ein gravierender Fehler. Das Wasser war gerade gesunken und der Steg war mit Moos gedeckt.

Noch in der Luft hörte ich, wie die einheimischen Nubier, welche im Trockenen auf Teppichen ihre Kettchen und bunte Mützen verkauften, laut riefen: „Ya Nayati", was bedeutet: „Du Flötenspieler". Ich war für meine altägyptische Nayflöte bekannt geworden, mit der ich meine Gruppen nach den Pausen zusammenrief.

Mir wurde bewusst, dass etwas nicht stimmte. Ich schaute unter mich und sah, dass ich bitter auf dem Moos ausrutschen werde.

Ich dachte mir, dass ich beim Fallen in den Spagat gehen muss, um mich nicht zu verletzen. Und noch bevor ich dazu kam, traf mich wieder ein Gedicht und diesmal gleich in zwei Sprachen. Das Gedicht war da in Deutsch und in Arabisch unerwartet einfach da!

Nein, nein, die Wunde ist nicht geheilt,

es ist nur ein dunkler Moos darüber gewachsen.

Am Tage trocknet er aus,

um am Abend wieder in Schmerzen aufzuquellen.

Nein die Wunde ist nicht geheilt!

Ich rutschte dann bis hinunter zum Wasser und blieb da im Spagat mit Tränen in den Augen. Ein Motorbootführer fuhr heran, um mir zu helfen. Er dachte ich sei verletzt. Aber ich war nur überwältigt, weil mir endlich bewusst wurde, woher diese Gedichte kommen. Sie kommen aus dem Moment mit der Seele!

Der Moment mit der Seele

Sowohl im Tempel als auch auf dem Moos war meine Vernunft vorbelastet. Im Tempel, weil ich die trommelnden Afrikaner immer wieder bewunderte und auf dem Moos wegen des emotionalen Stresses.

Es ist nicht möglich, beim Fallen in wenigen Sekunden gleichzeitig die warnenden Rufe der Mitmenschen zu hören, sich Gedanken über ein gefahrloses Fallen zu machen und ein chronologisches Gedicht zu erfahren, bzw. zu rezitieren. Es sei denn, dass Gedicht war gar nicht chronologisch! Wenn wir als lebendige Menschen Materie und Seele sind, dann muss der gemeinsame Nenner in dem die Seele mit der materiellen Vernunft kommuniziert sowohl von beiden erfahrbar sein.

Dies ist der Moment. Momente sind erlebbar und trotzdem nicht zeitlich messbar. Jeder Poet, Maler, Musiker, Bildhauer oder sonstiger Künstler wird von dem Moment der Erfahrung und Intuition berichten können. Für alle die nicht in der Kunst leben, vergleiche ich dies gerne mit dem Verlieben.

Bitte erinnere dich daran, wann wie und wo du dich verliebt hast, dann sage mir beispielsweise, dass der Prozess am 09.01.1997 um 17:50:35 bis zum 10.01.1997 um 09:23:41 gedauert hat.

Du wirst es nicht können! Einige erleben den Moment des Verliebens blitzschnell, andere leben ihn noch über ihren Tod hinaus. Momente sind zeitlich nicht einschränkbar. Momente sind einfach da!

Das Dekodieren der Seelensprache

Weil deine Vernunft der chronologischen Materie Untertan ist, werden die Informationen, welche intuitiv durch deine Seele vermittelt werden, in eine chronologische Form geordnet. Ich bin noch nicht dahinter gekommen, welche Instanz diese Ordnung schafft. Aber ich bin mir ziemlich sicher, dass diese Dekodierung in dem Kernbereich des Moments geschieht.

In dem Moment wird sowohl die Seeleninformation als auch der materielle Zustand deines Seins berücksichtigt. Deshalb kam das Gedicht auf dem Moos

35

in dem Sinne des ersten Satzes, den meine Exfreundin in ihrem Brief geschrieben hatte.

Und aus dem selben Grund kam das Gedicht im Tempel in einer architektonischen historischen Sprache, wobei es vom gebrochenen Herz berichtet.

Die Vorbelastete Vernunft hat die Informationen, welche in dem Moment mit der Seele gewonnen worden sind, in Bilder gefasst, die ihr durch ihre strapazierte Situation zur Verfügung stehen.

Hinter den Bildern des Gedichts ist die eigentliche Botschaft.

Mir wurde noch bewusster, dass das Auswendiglernen von Gedichten absolut notwendig ist, um den Moment der Intuition ein zweites Mal zu reproduzieren. Nur wer ein Gedicht auswendig lernt und mit geschlossenen Augen die Topografie des Gedichtes so gut wie seinen eigenen Körper kennt; nur wer ein Gedicht so auswendig lernt, dass es ihm fast wie ein Punkt ohne Anfang und Ende erscheint, wird der Empfindung nahe kommen, die der Poet fühlte, als ihn das Gedicht in einem Moment traf. Möglicherweise wird er dann die Botschaft hinter dem Gedicht erfahren. Die Worte des Gedichtes sind lediglich die sprachlich verfasste chronologisierte Ausdrucksform.

Informationen werden stets in eine Sprache verpackt, so auch die Informationen der Seele.

Die Frage lautet nun nicht mehr: „Was will das Gedicht uns durch diesen Dichter sagen?".

Sie lautet: „Was will uns die Seele in diesem Moment mitteilen?"

Wahrträume sind auch solche Momente. Wenn du schläfst und nicht mit dem materiellen Ballast des Alltags umgeben bist, hat deine Wahrnehmung die Möglichkeit, sich dem Moment zuzuwenden, in dem die Seele sich mit deiner Vernunft trifft.

Ferner sind Wahrträume selten exakt genaue Berichte von der Zukunft, der Vergangenheit oder der Gegenwart, sondern Bilder in einer Sprache, die du durch deine Erfahrung verstehst. Das Alltagsgeschehen, dein Beruf, deine Muttersprache, dein Land, deine Ausbildung und Bildung und alles, was du gelernt hast, beeinflussen die Wahrnehmung der seelischen Botschaft im Moment. Wir interpretieren die Botschaft mit den Dingen, die wir in unserem Bewusstsein gespeichert haben.

Die Seelenpflege

Ich sitze gerade im Saunabereich unseres lokalen Sportcenters. Soeben war ich im Dampfbad und ein Mann erzählte mir, wie in der Therme Templin alles besser sei.

Dort könne man alle möglichen Massagen, Packungen und Bäder machen, die es überhaupt gibt.

Heute sind wir mit Wellnessangeboten überflutet.
Die Menschen flüchten vor dem Alltag in eine Well-
nessoase. Das ist wunderbar!

Ob eine Hotstone-Massage, Fungipackung oder
Fußreflexonensitzung. Alles Angebote, die den All-
tagsstress abbauen, dem dein materielles Dasein in
unserer modernen Welt fast erliegt.

Deine Seele ist von deinem Leib nicht wegzuden-
ken. Ein entspannter Körper streichelt zweifelsohne deine Seele. Doch wie ist es umgekehrt?

Auch dein Leib ist von deiner Seele in deinem Leben nicht trennbar. Wo ist das Wellness für deine
Seele?

Es mag dir erscheinen, dass die Seele die Ewigkeit
gewartet hat, um endlich durch dein materielles Dasein ins Leben zu kommen. Für die Seele ist dies
keinesfalls so. Denn das Warten ist eine zeitliche
Komponente mit einem Anfang und meistens auch
einem Ende. Die seelische Wahrnehmung ist eine
andere, welche der Zeit nicht unterliegt. Sie ist die
nichträumliche Hälfte deines Daseins! Sie erweitert
dein Dasein, welches materiell in dieser Erde gesehen nicht mehr als ein Sandkorn im Grunde des
Ozeans ist, unendlich über Raum und Zeit.

Deine Seele schreit förmlich nach Anerkennung!
Das Missachten der Seele führt letztendlich dazu,
dass wir diese Hälfte unseres Daseins missachten.

Die Seele zu ignorieren ist wie das Sehen mit einem Auge. Wir sehen dann nur ein flaches Bild! Nehmen wir unsere Seele wahr, schenken wir ihr Beachtung, dann sehen wir das Leben, was erheblich mehr ist als Frühstück, Wohlstand und Berufskarriere, als tieferes und runderes Bild.

Geben wir der Seele ihren Wellness und schenken ihr Achtung, dann machen wir Erfahrungen, die über der Materie stehen. Und dies lediglich in einem Moment der Erfahrung.

Je mehr du dich mit deiner Seele beschäftigst, je mehr du sie wahrnimmst, desto öfter wirst du Wahrträume erleben und bewusst „wahrnehmen".

Déjà-vus und das Moment

Anders als die Wahrträume, welche du aufschreibst und demzufolge auch wahrnimmst, sind Déjà-vus oft solche Wahrträume, die wir vergessen haben. Sie sind von der Peripherie der Wahrnehmung ins Unterbewusstsein gerutscht, weshalb wir auch erst nach dem Eintreffen des Ereignisses sagen: „Mir kommt es vor, als hätte ich diese Situation schon er-lebt".

Es ist daher nicht verwunderlich, dass die materielle westliche Psychologie in den Déjà-vu-Erlebnissen ein Gedächnisfehler sieht. Vermutlich ist dies auch manchmal der Fall. Dennoch sei dir gewiss, wenn du dir ganz sicher bist, dass du eine Situation schon irgendwie erlebt hast, dann ist es höchste Zeit, dass du in deine Seele investierst.

Die Seele kann nicht verschwinden, aber sie kann erkranken. Wenn wir unsere Muskeln nicht nutzen schrumpfen sie soweit zurück, dass sie unbrauchbar werden. Das Trennen von der Seele bedeutet für unseren Leib den definitiven Tod. Wenn wir die Seele missachten, rennen wir hinter der Materie her, wie ein Hund, dem ein Stock vor der Nase geworfen wird. Wir wollen immer mehr von der Materie, mehr Geld, mehr Wohlstand, mehr Auto, mehr Haus. Mehr, mehr, mehr!

Wenn wir uns nur der Seele widmen, ist es auch nicht viel besser. Was hat die Menschheit von Jemandem, der nur noch von Seelen und wirrem Zeug spricht?

Das Geheimnis des Lebens im Diesseits ist die Symbiose von Materie und Seele. Deshalb ist das Glück eine ausgewogene Balance zwischen beiden. Es bringt nichts, dass rechte Auge mit dem linken Auge zu ersetzen, wohl aber zu ergänzen.

Es ist auch zwingend notwendig zu wissen, dass man ohne den Verstand absolut nichts mit einer seelischen Botschaft anfangen kann, da man nicht weiß, wie man sie interpretieren soll. Die Seele kommuniziert im dem Erfahrungsmoment mit Bildern, die dein Verstand im Leben erlernt hat.

Gerade deshalb ist die Erfahrung des Moments so oft im Schlaf, weil dann der Körper entspannt und die Seele in gewisser Weise „baumeln" kann. Natürlich ist es durchaus möglich, auch im Wachzustand einen Moment zusammen mit der Seele zu erfahren. Je mehr du dich mit der Seele befasst, desto öfter wirst du auch im wachen Zustand Erkenntnisse gewinnen. Die Erkenntnisse werden in deinem Bewusstsein nur kurz gespeichert sein, bevor sie in dein Unterbewusstsein wandern, es sei denn du dokumentierst die Erkenntnis, egal wie.

Wenn du viele solche Momente dokumentierst, wirst du bald keine Déjà-vus in diesem Sinne haben, dass du meinst eine Situation schon einmal erlebt zu haben, sondern du wirst die Situationen erkennen und dir selbst sagen: „Ach so war das gemeint".

Denn oft ist es so, dass du die Intuition, welche du im Moment der Kommunikation mit deiner Seele gehabt hast, mit Bildern siehst und niederschreibst, welche vorläufig gar keinen Sinn ergeben. Du hast möglicherweise einfach ein paar Impressionen dokumentiert. Während ich das jetzt so schreibe, erinnere ich mich an eine Situation in Ägypten. Auf den Nilkreuzfahrten, noch bevor die Terrorwellen Ägypten erfassten, hatte ich einen seltsamen Traum. Ich träumte, dass ich vom Schiff aus auf dem Nil

Polizeiautos auf dem Wasser mit lauten Sirenen fahren sah. Am nächsten Tagt, erzählte ich dies dem Rezeptionisten an Bord.

Zwei Tage, nachdem ich das Schiff zusammen mit meiner Gruppe verließ, wurde es von den Ufern aus bei der Stadt „Beni Hassan" mehrmals angeschossen. Kein Tourist wurde verletzt, nur ein Kollege, der auf dem Stuhl saß, wo ich immer gesessen hatte, bekam einen Schuss in seinen Oberschenkel und konnte mehrere Monate nicht arbeiten.

Damals erklärten uns die Politiker, dass es ein Einzelfall sei. Noch war keinem bewusst, dass eine Terrorwelle Ägypten erfassen soll, die, Gott sei Dank, heute größtenteils überwunden ist. Doch der Traum machte mir damals wenig Sinn. Zwar ahnte ich, dass ein Traum von Polizeiautos auf dem Wasser sicherlich etwas mit Sicherheit zu tun haben muss, aber dass unser Schiff angeschossen wird und dass gerade mein Kollege getroffen wird, der dort saß wo ich immer gesessen hatte? Dies hatte mich schon ziemlich erschüttert.

Andere Träume oder Visionen sind offensichtlicher. Sie ergeben sofort einen Sinn. Vielen ist es schon geschehen, dass man plötzlich unerwartet an einen alten Bekannten denkt, den man lange nicht gesehen hat und siehe da, wenige Tage, Stunden oder Minuten später steht dieser vor der Tür oder ruft an. Du denkst dir dann: „Wenn man vom Teufel spricht", doch hat dies wenig mit dem Teufel zu tun, sondern mit deiner dualen Natur von Leib und Seele.

Wahrsagerei versus Intuition

Ein Wahrsager oder eine Wahrsagerin nutzt diverse Hilfsmittel, um die Zukunft zu deuten. Kaffeesatz, Kartenlegen, Kristallkugeln und sonstige Dinge, die alle aus Materie und deshalb in der Zeit gefesselt sind.

Selbst, wenn die Wahrsager mit solchen Dingen in der Hand einen „Treffer" erzielen, dann wird es nicht das Ding in der Hand, sondern ihre Seele gewesen sein, die über Zeit und Raum in einem Moment dem Wahrsager oder der Wahrsagerin eine Intuition geschenkt hat.

Wenn ein Pendel in der Hand den einen oder anderen besser in eine empfängliche Verfassung versetzt, dann soll es eben so sein!

Man sollte sich von jedem hüten, der für das „Wahrsagen" eine Belohnung empfängt. Geld ist zweifelsohne das Materiellste was die Menschen jemals erzeugt haben oder werden. Mit Geld kann man sehr viel kaufen, aber absolut nichts fühlen. Man kann nicht für seelische Leistungen bezahlt werden! Wer dem Geld hinterher heuchelt, verliert an eigene Seligkeit. Ich sage nicht, dass wir alle verarmen müssen, um unsere Seele zu erfahren, doch wer es kommerzialisiert, der verliert es sehr schnell!

Intuitionen, Blicke in die andere Dimension, Momente der Erfahrung oder nenne man es wie man will, ist genau dies, was den Propheten in Übermaß geschenkt worden ist. Noch nie haben wir von bezahlten Propheten gelesen!

Ich möchte ferner eine klare Abgrenzung zwischen Wahrsagerei und Intuition herstellen. Wahrsagerei ist ein Versuch, vom Leiblichen in das Übersinnliche zu blicken. Intuitionen, wie wir sie hier besprechen, sind gerade das Gegenteil! Sie sind der Versuch, vom Seelischen zum Leiblichen mit Informationen in einem Erfahrungsmoment zu treten.

Von der Esoterik, dem Moment und den vielen „Leben"

Viele Jahre habe ich Esoteriker durch Tempel, Pyramiden und Gräber geführt. Ich will hiermit nicht alle Esoteriker dieser Welt verurteilen, doch ich habe keinen getroffen, der mich echt mit einer übersinnlichen Begabung überzeugen konnte, welche nicht jedem von uns gegeben ist.

Anfang der Neunziger hatte ich eine sagenhafte esoterische Gruppe, welche ich zwei Wochen durch Ägypten führen durfte. Die Reise begann im Süden, wo wir durch die Wüste zu den Tempeln von

Abu Simbel gefahren sind. Unterwegs hielten wir an, weil zufällig eine Kamelkarawane unterwegs war. Auch wenn manch einer denken mag, dass dies jede Reise so ist, so war dies eine echte Karawane mit echten Nomaden.

Die Nomaden waren alle sehr freundlich und, weil sie keine typischen Touristensouvenirs zum Verkaufen hatten, versuchten sie es mit ihren Dolchen, deren Griffe mit Elefantenhaar gebunden waren. Leider wollte keiner der Touristen so einen Dolch kaufen. Und so fuhren wir durch die Wüste zum Abu-Simbel Tempel und von dort zurück nach Aswan.

Auf dieser Reise hatte ich fürchterliche Rückenschmerzen und eine Frau aus der Gruppe fühlte sich berufen, meine Rückenschmerzen zu beheben.

Die Frau war mindestens 5 mal so schwer wie ich und lächelte ununterbrochen, egal was war. Es war kein störendes Lächeln, sondern eher ein zufriedenes Lächeln bis fast etwas überheblich. Ich nannte sie schon am ersten Tag Hathor, die Göttin der Liebe, deren heiliges Tier allerdings die Kuh ist. Nicht weil die Kuh dumm ist, sondern, weil sie unter anderem liebevolle Augen hat.

Von Aswan aus nahmen wir ein Schiff zum Norden. Hathor bat mich dann in ein Zimmer, welches die Gruppe zu einer Art Heiligtum umgewidmet hatte. Ich musste mich auf ein Bett in der Mitte legen und alle Anwesenden begannen zu summen, während Hathor mit ekstatischen Bewegungen meine Rückenschmerzen wegzaubern wollte. Mein Kollege, der zuschaute und ich mussten Tränen lachen, doch konnten wir diese als Aufregung und Teilnahme tarnen.

Am nächsten Tag wurde ich gefragt, wie es den meinem Rücken ginge und ich machte den Fehler zu sagen, dass sich nicht besonders viel geändert hatte.

Am achten Tag übernachteten wir in Fayoum, im mittleren Norden Ägyptens. Ich hatte mit der Hochschule vereinbart, dass meine Studenten aus Kairo zu unserem Hotel gefahren werden, dass ich dort meine Vorlesung über altägyptische Reliefs halte und sie die Gelegenheit bekommen, mit einer echten esoterischen Reisegruppe zu sprechen.

Also stand ich da in der Halle und just während ich mich verrenkte, um den Studenten die wesentlichen Merkmale der altägyptischen Reliefs an mir selbst zu erklären, begab sich Hathor in den Raum. Sie hatte in der Hand einen Pendel und lief langsam unbeirrt auf mich zu.

Ich flehte die Studenten um jeden Preis an, nicht zu lachen, es könnte mich mein Trinkgeld für zwei Wochen kosten.

Hathor tanzte also hinter mir mit ihrem Pendel herum, während ich versuchte, etwas über altägyptische

Kunst zu erzählen, als sie dann plötzlich so laut schrie, dass mein Herz fast in die Knie gefallen war.

Sie fasste sich am Kopf, schwankte kurz hin und her, als leide sie unter einer schrecklichen Migräne und sagte, dass ich nun geheilt sei. Sie hätte mich im vorigen Leben mit einem Dolch im Rücken, in dem Sande in der weiten Wüste liegen sehen. Die Wunde, welche ich in diesem Leben noch mit mir schleppe, wäre nicht geheilt. Nun hat sie den Dolch aus meinem Rücken gezogen und ich könnte schmerzlos glücklich weiterleben.

Ich hatte die Lektion gelernt. Die restlichen 6 Tage bedankte ich mich mindestens täglich zwei Mal bei Hathor, dass ich nun ohne Rückenschmerzen leben kann. Alles wäre besser und ich fühle mich wie neugeboren.

Meine Studenten haben sich noch Jahre danach mit Lachanfällen daran erinnert.

Dies ist eine Geschichte von vielen, welche ich mit Esoterikern erlebt habe. Und in jeder esoterischen Gruppe ist mir aufgefallen, dass so viele Personen von ihren vorigen Leben berichteten.

Tut Ankh Amoun, Ramses II. und Hatchepsut sind vermutlich die ärmsten Schweine unter den Königen Ägyptens, denn es gibt unzählige Personen, die behaupten, in ihrem vorigen Leben eines dieser Personen gewesen zu sein.

Irgendwann, als mir das alles zu viel wurde, sagte ich in meinen Vorstellungsrunden am Anfang jeder esoterischen Reisegruppe:

„Ich bin in meinem kommenden Leben ein Mönch gewesen"

Keiner merkte jemals was ich sagte, bis auf ein alter Mann in einer der Gruppen. Er saß in der dritten Reihe im Bus und senkte seinen Blick mit einem Lächeln, als ich meinen mittlerweile einstudierten Satz sagte. Es stellte sich heraus, dass es der „Professor" war, wie alle aus seiner Gruppe ihn nannten. Er hatte die Reise zum dreifachen Preis an die ca. 35 Frauen zwischen vierzig und fünfzig und einen Mann verkauft. Der Mehrpreis ergibt sich durch die Mehrleistung, dass er anwesend war und jeden Abend mit der Gruppe einmal im heiligen Kreis summte.

Doch was meinte ich mit dem Satz: „Ich bin in meinem kommenden Leben ein Mönch gewesen"?

Letztendlich ist es so! Wenn du glaubst, dass du eine Seele hast, dann unterliegt sie nicht der Zeit und demzufolge auch nicht der Chronologie! Und doch berichten viele Menschen stets von ihrem vorigen Leben! Wenn Reinkarnation wahr wäre, dann müssten die Neugeborenen auch etwas von ihrem kommenden (bereits gelebten, noch zu lebenden und derzeit gelebten) Leben berichten können.

Denn die Seele ist dort, wie hier, damals wie heute, zukünftig und zugleich existent. Reinkarnierte Menschen berichten stets von vorigen Leben, weil sie ihre Seele materiell interpretieren und ihrer Seele demzufolge eine chronologische Reihenfolge der Reinkarnationen andichten.

Für die Seele bist im gleichen Moment gestorben und geboren. Es ist ihr egal, ob du dein Leben von Geburt zum Tod oder rückwärts erzählst und lebst. Für deine Seele ist dein leibliches Dasein das höchste Fest des Lebens und dies geschieht jeder Seele nur einmal!

Wie religiös musst du sein?

Die Bibel erzählt in vielen Stellen von Wahrträumen. Eine der bekanntesten Geschichten ist der Traum des Pharaoh mit den 7 fetten und 7 mageren Kühen im ersten Buche Mose. Nur Joseph, ein Prophet, dem die Deutung der Träume gegeben war, konnte dem Pharao erklären, was der Traum bedeute. Der Pharao keiner, der an Gott glaubte und doch hatte er eine Vision im Traum.

Gläubige Menschen haben ebenso Wahrträume. So ist die wohl bekannteste Vision im neuen Testament die Offenbarung des Johannes.

Johannes „schaut" und hört himmlische Botschaften, welche als einzige zusammengefasste prophetische Schrift des neuen Testaments die Kirche über die Zeit hinweg als Quelle und als Inspiration diente. Da die Vision durchgehend mit fantastischen fabelhaften Bildern beschrieben ist, wird sie bis heute von Künstlern, Theologen, Historikern und anderen Denkern immer wieder aufgegriffen und neu gedeutet bzw. interpretiert.

Ein weiterer bekannter Wahrtraum ist aus dem neuen Testament. Als Jesus vor Pilatus im Hofe stand und die Menschenmengen jubelten ihn zu töten, hatte die Frau des Pilatus einen Traum, in dem sie für Jesus viel gelitten hatte. Sie sendete ihrem Mann, dass er Jesus nichts antun solle.

Alle Religionen berichten von Träumen und Visionen. Das ist nicht anders im Islam oder im Buddhismus.

Wenn uns diese Träume etwas berichten, dann sagen sie uns, dass die Wahrträume nicht den religiösen Menschen vorbehalten sind. Sie treffen jeden von uns. Wir müssen nur aufmerksam die Botschaft aufnehmen und bewahren.

Religiöse Menschen haben oft den Vorteil, dass sie einen seelischen Frieden leben, der ihnen ermöglicht, mehr von der eigenen Seele zu erfahren und Träume anderer Menschen bis zu einem gewissen Grad besser zu interpretieren.

Zum Abschluss

Gewiss sind nicht all unsere Träume Botschaften der Seele oder Visionen in der Größenordnung der „Offenbarung des Johannes" und gewiss haben Neurologen und Psychologen nicht gänzlich Unrecht, wenn sie feststellen, dass das Träumen notwendig ist, um unser zentrales Nervensystem neu zu „defragmentieren".

Sie haben Unrecht, wenn sie meinen, die ganze Wahrheit zu wissen und urteilen leichtsinnig, wenn sie glauben, dass alle Visionen der Menschheit seit abertausenden von Jahren bloß ein Streich oder eine Sinnestäuschung waren. Wir sollten uns unserer Seele anvertrauen und uns den Momenten hingeben, in denen unsere Vernunft und die Seele sich treffen.

Ich denke, wenn man beginnt sich zu fragen: „was könnte ich jetzt noch hinzufügen", ist ein Buch beendet, auch wenn es kurz gefasst ist.

Ich möchte lediglich dich auf die Website zum Buch aufmerksam machen.

Unter **www.traumsehen.de** findest du demnächst Links, Infos, einen Blog, sowie eine Möglichkeit deine Träume zu veröffentlichen und deine Erfahrungen mit anderen Träumern auszutauschen.

Ich kann für die ewige Funktionalität der Website oder für etwaige Schäden durch die Website, welcher Art auch immer nicht haften.

Bleibt nur noch zu sagen: Träume schön!

Eberswalde den 15.04.2010

Marwan Hassan